Meditation on Known Mysteries
Machnamh ar Rúndiamhra Léire

Tanka poems in Irish and English,
31 syllables in a configuration of 5-7-5-7-7:
mystic poems of love, longing and emptiness.

Gabriel Rosenstock

Spontaneous tanka poems in response to artwork in
Public Domain, or in Fair Use category, i.e. artwork that is widely
available on the internet on such platforms as Artvee and Wikiart.

List of Artists

Otto Meyer-Amden (Cover)
Reijer Stolk
Alan Brooks
John Varley
Károly Ferenczy
Eugène Bodin
Katsushika Hokusai
Anders Zorn
John Atkinson Grimshaw
Carl Holsøe
Anna Boberg
Stanisław Witkiewicz
Willem Witsen
Eugène Delacroix
Filadelfio Simi
Arthur Dove
John Marin
František Kupka
Vasily Vereshchagin
Xu Beihong
George Henry
Elihu Vedder
Jan Toroop
John Everett Millais

Helmer Osslund
Abanindranath Tagore
Kuniyoshi Utagawa
John Varley
William James Glackens
Hiroshige
Claude Monet
Egon Schiele
Hercules Brabazon
Yūzō Saeki
Paul Klee
Pietro Scoppetta
Christo Coetzee
Francis Gruber
Koloman Moser
Ary Scheffer
Raja Ravi Varma
Ferdynand Ruszczyc
Christian Kröner
Takeuchi Seohō
Felice Ficherelli
Georges Braque
Kurt Schwitters
Alexej von Jawlensky
Marie Henriques

Published by the author, 2025.
Layout and design: Mandy Marcus

Clúdach / *Cover***:** Otto Meyer-Amden

nuair a ghlaoimse ort
aithnítear an ní aineoil–
mar éan miotasach
    neach réasúnach mé
    go mór faoi gheasa agat

       when i call Your name
       the unknown is known again–
       a mythical bird
           but i'm a rational being
           what hold do You have on me?

lig dom bheith tostach
gan bheith ag seasamh amach–
do ghrásta 'tá uaim
    is mé i mbun mo ghnó
    i m'fheithid dom nó i m'éan

    let me be silent
    and always go unnoticed–
    feeding off Your grace
        like an insect or a bird
        just going about its business

éin lánghlóracha
cad atá acu á rá
lig dá gceol sileadh
    is spás a líonadh im' chroí
    bearnaí do neamhláithreachta

    the full-throated birds
    what is it they are singing
    let their notes trickle
        filling spaces in my heart
        of Your making, Belovèd

mar ghealach smúitiúil
i ndroim dubhach sa Chanáil Mhór . . .
an ann duit, a chuid?
   nó an fite ataoise
   as ceobhrán na maidine?

    like some murky moon
    moping in canal waters . . .
    do i know you're there?
       perhaps i've invented You
       woven You out of grey mist

conas a bheadh sé
dá gcuirfimis fúinn cois abhann
gona scáileanna
      d'fhoghlaimeoimis gan amhras
      gur scáil a chéile sea sinn

    what would it be like
    if we lived by a river
    and its reflections
        would we recognise at last
        that we reflect each other?

táid feicthe agat
éanlaith ag tuirlingt ar ghéag
is as go brách leo
    an bhfanfaidh mo bhriathra leat
    nó 'bhfuilid imithe fadó?

    You too have seen them
    birds that alight on a branch
    and fly off again
        will my words stay in Your heart
        or have they long since vanished?

na gondalóirí
dod' lorgsa gan staonadh
iad ag tnúth le scíth
    le fís díotsa, a ansacht
    arís is arís eile

        weary gondoliers
        they too are searching for You
        for an end to toil
            when will You appear to them
            over and over again?

scáileanna na gcrann
mo chuid scáileanna féin iad
cloisfidh tú dánta
    i gcogarnach na nduilleog
    a scáil féin ag gach focal

    the shadows of trees
    are my shadows this morning
    in whispering leaves
        You'll hear my poems, Belovèd
        each word has its own shadow

ní heol dom ach seo
tá an dordveidhil ina tost
tá gach aon ní ciúin
     ceol úd nithe nach dtarlaíonn
     is ait an ceol é go deimhin

    all i know is this
    the cello has fallen still
    and all is quiet:
        the music of what is not
        ah, what strange music that is

do chuntanós-sa
laistiar de na Saighneáin thall
ach tuig an méid seo
    ní bheir i bhfolach go deo
    iompaímpse id' ghilese

    behind dancing lights
    You hide Your face in Norway
    Belovèd, know this
        You cannot hide forever
        i am Your luminescence

bíonn ina Earrach
nuair a shealbhaíonn tú croí
croí geimhriúil, a stór
   is tú solas na cruinne
   níl slí ann don sioc níos mó

     suddenly it's Spring
     as You enter wintry hearts
     You the life and light
        of this world and of all worlds
        bare frost has nowhere to hide

an bhrionglóid chéanna
im' dhúiseacht dom nó fá shuan
brionglóid gan deireadh
    seasann tusa lasmuigh di
    is ann duit ach fós ní hann

       it is the same dream
       with eyes open or eyes closed
       and it never ends
          You stand outside of my dream
          there all the while yet not there

is mian leis an tost
a ollmhéid a roinnt linne
ach tarraingíonn siar
    foirmítear siolla dúinn
    ach imíonn sé ina phuth

> *silence longs to speak*
> *of its own immensity*
> *always drawing back*
>   *words formed in the deepest skies*
>   *dissolve before reaching us*

na mionathruithe
a fheiceann lucht an bhaile:
an fás is an meath
      dá bhfeicfidís uair amháin
      do niamhracht bhuan, a thaisce

    the little changes
    noticed by our villagers:
    growth and then decay
          if only they could witness
          Your immutable being

adhraimse an ghrian
mar shiombail ded' sholas-sa
ní faic í, áfach
    tá a ré istigh, a chuid
    ní bheadsa dallta aici!

    i adore the sun
    as a symbol of Your light
    but it's nothing
        its days numbered, Belovèd
        i see through all its brilliance!

nach aisteach, a chuid
deimhnímid nach taibhreamh é–
'is ann don domhan seo!'
    an port síoraí seasta againn
    nach ea? ó shaol go chéile

    how strange, Belovèd
    we pretend it's not a dream–
    'it's real, it must be!'
        life after life we repeat
        this impossible mantra

déanaimis machnamh
ar mhistéirí 'tá gar dúinn
ní fiú bheith ag plé
    le rúndiamhra lasmuigh dínn
    nach leor rúin atá láimh linn

    let us meditate
    on known secrets, Belovèd
    why seek to divine
        mysteries from the beyond–
        what is! that's more than enough

mo laoithe ag bacaigh
stopann daoine is deir siad
(corraithe go maith)
    'conas nach bhfuil aon tús leo
    cén fáth nach bhfuil deireadh leo?'

    beggars play my songs
    'the people are moved,' they say
    'and stop to enquire
        why there is no beginning
        why no end to this music'

leabhar leath ar oscailt
tá Tagore ag aislingeacht
an chéad radharc aige
    orthu: na Himiléithe
    níos báine ná a fhéasóg

a book half open
Tagore is day-dreaming now:
the first time he saw
    the mighty Himalayas
    their snows whiter than his beard

Brig o' Turk, an ea
nó Àird Cheannchnocain, b'fhéidir,
cén baile é seo?
    lig dom tú a mholadh, a ghrá
    go brách led' mhíle ainm

    is it Brig o' Turk
    or is it Àird Cheannchnocain
    what village is this?
        let me chant Your thousand names
        Belovèd, till i'm breathless

tar, tar, a chuisle
tar mar thonn nó mar scamall
ó chian, ó chóngar
    tar ó mo dhuibheagán féin
    as gach trá órga ionam

    come, come, Belovèd
    come as waves, come as a cloud
    come from near, afar
        come from my own hidden depths
        from my every golden shore

ná tuirsigh, a chuid
de mo líonadhsa le dúil
téid focail le gaoith
   i gcló sa cháitheadh spréite
   ag imeacht go mistéireach

   tire not, Belovèd
   of flooding me with desire
   my words on the wind
      appearing from scattered foam
      vanish mysteriously

a dhuilleoga an fhómhair,
lasaigí, insígí dúinn
faoi mheath teangacha
    duanta nach gcluintear níos mó
    chomh líonmhar tráth le duilliúr

leaves of autumn, burn!
tell us of vanishing worlds
words that are no more
    dead songs in dead languages
    varied, countless as the leaves

gach sliabh, loch is spéir
ina scáthán orainne
gach aon mhionghné
    ina lánléargas, a chuid
    ina rúndiamhair láimh linn!

    mountains, lakes and skies
    reflect You–my own being
    in every detail
        our whole life's panorama
        Belovèd–mysterious!

brionglóid nó tromluí?
an bhféadfadh sé a bheith fíor
scréach ghéar istoíche
    péacóg bhán an anama
    ar fán i ndúiche aineoil

    a dream? a nightmare?
    or, somehow, could it be real
    when it screams at night–
        the white peacock of the soul
        lost in some in-between world?

brionglóid fútsa, a chuid
slogtha ag iasc mór aréir
ba thaibhreamh é féin
    'bfuil d'íomhása anois ar snámh
    i dtreo Insí an Airdill?

    last night's dream of You
    was swallowed by a large fish
    itself a mere dream
        is Your image drifting now
        towards the Isles of Wakefulness?

beagán ar bheagán
chuaigh an uile ní as radharc
ní raibh faic fágtha
  beirse ann i gcónaí, ámh,
  soilseoidh tú an folús

> *little by little*
> *everything just disappeared*
> *then there was nothing*
> * i know You'll always be there*
> * illuminating the void*

conas a bheadh sé
domhan gan chaitheamh aimsire
néalta ina stad
    is bláthanna nár bhláthaigh
    an aigne saor, folamh

> *what would it be like*
> *a world without distractions*
> *the clouds not moving*
>   *flowers never ever blooming*
>   *the mind free, unoccupied*

tar go bhfeice tú
an léas–nó fan sa bhaile
ar do sháimhín só
    os comhair an teilifíseáin
    le gloine bhreá Rioja

    come and see the light
    or stay at home if you will
    in perfect repose
        seated before the tv
        with a glass of Rioja

an tsaileach shilte
ní shilimse deoir ar bith
cá bhfuil na deora?
    a shaileach, múin ceacht domsa
    cad is brí leis an saol seo?

    a willow weeping
    i do not know how to weep
    where are all my tears?
        willow, teach me a lesson
        what is it to be alive?

tá sé i ngach neach
an crann seo amach san fhómhar
i ngáire an pháiste
    agus i dtost an tsaoi leis
    is cuimhne mhilis ar phóg

   it's in everyone
   this lone tree of late autumn
   in the laughing child
       in the silence of the sage
       and in a remembered kiss

cé hiad? n'fheadarsa
máithreacha, seanmháithreacha
bhfuilid fós ionam?
    ní hionann aon bheirt acu
    bhfuil teacht ar ghrá an réitigh?

    who or what are they
    my mothers and grandmothers
    are they still in me?
        with all their contradictions
        are we reconcilable?

an áit a suíteá
má shuigh sa chéad áit, a chuid
n'fheadar cad 'tá fíor
    an fíor atá an folús
    tú a bheith ann agus as?

    where You used to sit –
    or did You, my Belovèd
    i know not what's real
        or if emptiness is real
        or Your presence, Your absence

Er küsse mich
mit seines Mundes Kuss
Denn lieblicher
wie Würzwein ist deine Liebe, lieblich
duften deine Salben

Dein Name ist
wie ausgegossen Öl
darum lieben dich die Jungfrauen

Ja mit Recht
lieben sie dich

cén fhaid, a chuisle
a thógfadh sé ormsa
an dán seo a scríobh
　i ngach teanga atá beo
　i dteangacha nach bhfuil ann?

how long would it take
to write this poem, Belovèd
in every language
　starting with tongues still alive
　then dormant ones, extinct, dead?

nochtann tú mar néal
agus imíonn tú arís
sa spás ama sin–
    soicind amháin, míle bliain–
    cad go díreach a tharla?

cloud-like You appear
then You disappear again
in that space of time–
    a second, a thousand years–
    what exactly has occurred?

nach mise Janus
feicim thú ar chlé, a chuid
feicim thú ar dheis
    ionatsa 'tá tús gach ní
    gan aon deireadh, a thaisce

    am I not Janus
    You are to the left of me
    You are to the right
        with You everything begins
        no end in sight, Belovèd

nach rabhas-sa im' Iób?
bhíos, ní Iób a thuilleadh mé
an neach céanna, sea
   ach sciúradh an t-éadóchas
   in ór do mhaidinese

   have i not been Job?
   yes, but not any longer:
   i'm the same being
      but washed of all my despair
      by Your dawning within me

táim beo bocht arís
ag iompú i mo Luftmensch
an mairfead ar aer?
   lig dom bheith beo ionatsa
   d'anáilse trí m'anáilse

      i've run out of cash
      i'm becoming a Luftmensch
      can i live on air?
         let me live only on You
         Your breath, Belovèd, in mine

dá bhfeicfeadh sé thú
d'éireodh Calvin as ar fad
rincfeadh sé gach lá
   d'fhoghlaimeodh sé an veidhlín
   is sheinnfeadh ar na díonta é

> *if Calvin saw You*
> *he would give up religion*
> *and dance in the streets*
>   *he would learn the violin*
>   *and play all night on rooftops*

á, dá mbeinn i m'éan
chosnóinn thú, a thaisce
agus chanfainn duit:
    i gciúnas na foraoise
    an saoi is Shakúntála

    ah, were i a bird
    i'd protect you, Belovèd
    and i'd sing for you
        in the silence of a wood
        a sage found Shakuntala

níl éinne ag éisteacht
mar sin féin ritheann an sruth
de ló is d'oíche
    bhfuil rud éigin ag éisteacht
    nó an gcanann sé dó féin?

    there's no one to hear
    nonetheless a rivulet
    flows by day and night
        surely something's listening
        is it singing to itself?

réiteach san fhoraois
ní raibh faic ann ó chianaibh
tréad fianna anois
    fillfidh siad ar an bhfolús
    as a dtagann gach aon ní

    a forest clearing
    and where nothing was before –
    a herd of red deer
        they will return to the void
        from which all things have emerged

sular gineadh mé
sular phéacas-sa i mbroinn
bhíos-sa, táimse ann
   ghabhas colainn dhaonna, a chuid
   chun tú a aithint arís

     before conception
     before sprouting in a womb
     i was and i am
        i have taken a body
        to get to know You again

cárta poist duitse
as tír éigin nach eol dom
seanchríoch theorann
    agus a haghaidh soir inniu
    ag claonadh siar amárach

    a postcard for You
    from which country i know not
    some old borderland
        leaning to the east today
        and tomorrow to the west

cé mé, a deirim
ní féidir a fháil amach
gan fhios bheith agam
　fútsa, is na beathaí romham
　an lúcháir, an bhuairt go léir

　　　i ask who i am
　　　how can i know who i am
　　　without full knowledge
　　　　of You, all of my past lives
　　　　the joys and all the sorrows

geall dom, a thaisce
beidh tú ag faire amach dom
tá mé ar mo shlí
    ní féidir a bheith cruinn beacht
    lá ar bith feasta anois

promise me, won't you,
you'll be looking out for me?
i am on my way
    no time of arrival yet
    any day soon, any day

"There are very few poets writing today who can equal him in his range of concerns, themes and forms as well as the simplicity that he achieves in the poetic expression of his integrated vision that is a mark of a rare meditative maturity."
K. Satchidanandan

Acknowledgements:

Some of these tanka first appeared in *Loch Raven Review.*

táid feicthe agat / *you too have seen them*
appeared in the TSA Tanka Anthology 2022 (Tanka Society of America)

scáileanna na gcrann / *the shadows of trees*
won the Kotodama International Tanka Contest 2022

ní heol dom ach seo / *all i know is this*
appeared in *Cold Moon Journal* (Sep. 2022)

Poetry Titles from Gabriel Rosenstock (a selection)

Snowy Owl (Haiku for Children 8-12+)
FreeKidsBooks.org 2024

Boatman! take these songs from me
(Tanka in response to artwork by Masood Hussain)
Manipal Universal Press, India 2023

Love Letter to Kashmir
(Tanka & Haiku in response to watercolours by Masood Hussain)
Cross-Cultural Communications, NY, 2023

Garsún: Boy (A memoir in verse)
Translated from the Irish by Paddy Bushe
Arlen House, Ireland, 2023

Stirrings of Love (Tanka)
Irish, English, Japanese, Romanian and Greek
Junpa Books, Japan, 2023

Orang-Utan (Haiku for Children 8-12+)
FreeKidsBooks.org 2023

Conversations with Li He
Translated from the Irish by Garry Bannister
Cross-Cultural Communications, NY, 2021

Glengower (Poems for No One in Irish and English)
The Onslaught Press 2018

The Stars Are His Bones
Upanishadic Photo-Haiku with Debiprasad Mukherjee
Cross-Cultural Communications, NY, 2021

Cuach Ó Aois Eile Ag Glaoch
Coiscéim 2014

Scairt Feithide (Versions of Korean poet Ko Un)
An Sagart 2012

Rúnimirce an Anama (Versions of Macedonian poet Nikola Madzirov)
Coiscéim 2010

Gaotha ar Fán (Versions of Pakistani poet Munir Niazi)
Coiscéim 2006

An Spealadóir Polannach (Versions of German poet Peter Huchel)
Comhar 1994

Cruth an Daonnaí: De vorm van een mens (Versions of Flemish poet Willem M. Roggeman)
Coiscéim 1990

Further Reading

Give Me Your Hand / Tabhair Dom Do Lámh
(Haiku for older children with a gallery of international artwork, new and old.
Published by the Author, 2025)

Loneliness / Uaigneas
(Haiku for older children with a gallery of international artwork, new and old.
Published by the author, 2025)

Brightening of Days
(Tanka (5-7-5-7-7 syllables) in Irish, English and Croatian. Poems of love, mystery and longing, in response to artwork by Alfred Freddy Krupa. Croatian translation by Tomislav Maretić.
Published in association with CCC, New York, 2022)
Available on Calameo.com

D A Y BREAK: Poem-Prayers for Prisoners
(Bilingual tanka, 5-7-5-7-7 syllables, poem-prayers for prisoners, in response to photographs by Ron Rosenstock.
Published in association with CCC, New York, 2022)
Available on Smash Words.com

Empty Vase / Vása Folamh
(Bilingual tanka (5-7-5-7-7) in response to artwork by various hands. Published in association with CCC, New York, 2022)
Available on Calameo.com

Outskirts of the Mind / Ciumhais na hAigne
(Bilingual tanka in response to artwork by various hands.
Published in association with CCC, New York, 2021)
Available on EDOCR.com

The Lantern / An Lóchrann
(Bilingual tanka in response to artwork by various hands.
Published in association with CCC, New York, 2021)
Available on EDOCR.com

Ants are Rejoicing / Seangáin ag Déanamh Gairdis
(Bilingual freestyle tanka is response to Goan artist Sonia Rodrigues Sabharwal)
Available on Calameo.com

The Road to Corrymore / Bóthar an Choire Mhóir
(Bilingual tanka in response to artwork by various hands.
Published in association with CCC, New York, 2021)
Available on FLIPHTML5.com

Rising Flame of Love
(Bhakti- and Advaita-inspired tanka in response to artwork on vintage Indian matchboxes.
Published in association with CCC, New York, 2021)
Available on EDOCR.com

Broken Angels / Aingil Bhriste
(Bilingual tanka in response to artwork by various hands.
Published in association with CCC, New York, 2021)
Available on EDOCR.com

Secret of Secrets / Rún na Rún
(Bilingual tanka in response to artwork by various hands.
Published in association with CCC, New York, 2021)
Available on EDOCR.com

Every Night I Send You Flowers
(Bilingual tanka in response to artwork by Odilon Redon.
Published in association with Cross-Cultural Communications, New York, 2020)
Available on EDOCR.com